le letture edizioni el

ISBN 978-88-477-3514-9

www.edizioniel.com

Donatella
Bindi Mondaini

# LA SCATOLA MISTERIOSA

Illustrazioni di Ilaria Faccioli

# LA SCATOLA MISTERIOSA

# Come Géraldine scoprí di essere una bambina adottata

Quando Géraldine faceva la terza elementare, erano già cinque anni che ogni mattina entrava in quel portone grande come una casa e scuro come una nuvola piena di pioggia, perché lí aveva già fatto la materna, l'asilo e la primina.

Anche i bambini che incontrava erano gli stessi che aveva rincorso per i corridoi o aveva graffiato ai giardinetti quando non le davano quello che voleva.

Perché Géraldine aveva un nome gentile, ma era alta, robusta, con una testa piena di capelli capricciosi e ricciuti e un carattere per niente accomodante.

Insomma: non era molto simpatica; però aveva un'amica fedele e graziosa che la seguiva sempre come un'ombra, tanto che certe volte Géraldine si scordava perfino di averla dietro, proprio come succede con le ombre.

Si chiamava Annalisa ed era bianca, bionda, fragile, con uno sguardo speranzoso negli occhi azzurri.

Annalisa adorava Géraldine da quando questa aveva preso a pugni tre ragazzi piú grandi di lei che volevano portarle via la merenda.

Fu proprio uno di quei primi giorni

di scuola che Géraldine scoprí la verità su se stessa.

Una certa Caterina, una bambina dispettosa e piena di sé, con la collanina di corallo e il fiocco in testa, le gridò: – Cattiva, antipatica e odiosa! Di certo sei figlia di una strega!

– La mia mamma è buonissima, – replicò calma calma Géraldine, con una mano a proteggere la sua tortina al cioccolato e l'altra pronta alla rissa.

– Non parlo di *questa* mamma, parlo di quella vera.

Géraldine rimase a bocca aperta; non per le parole ma perché tutto a un tratto intorno a loro si era fatto un grande silenzio; anche i maschi, di solito impegnatissimi a scambiarsi le figurine, erano attenti.

– E chi te l'ha detto che ho un'*altra* mamma? – chiese poi turbatissima.

– Lo sanno tutti, – replicò con sussiego Caterina.

A queste parole le bambine intorno si voltarono da una parte o dall'altra; perfino i maschi si dedicarono con impegno a masticare pane e Nutella.

Annalisa, piú mortificata della sua amica, le toccò un braccio e la consolò: – Non è mica vero che è una strega. Quella parla perché è invidiosa.

# Come Géraldine dimenticò di essere una bambina adottata

Quando Géraldine tornò a casa era ancora talmente furiosa che aggredí la mamma appena la vide: – Mi hai fatto fare una figura di cacca!

– Géraldine, non parlarmi con questo tono! E modera le parole! – replicò subito la mamma; aveva un enorme grembiule da cucina e gesticolava con il mestolo in mano.

– Lo dico e lo ripeto! – gridò Géraldine. – Una figura di cacca! Non mi hai mai detto che non sei la mia *vera* mamma!

– Cosa? – strillò la mamma. – Ma se te lo ripeto da quando sei nata!

– Prima di tutto *tu* non mi hai visto nascere; poi, non me lo hai *mai* detto.

– Géraldine, ti prego, – la supplicò allora la mamma. – Tu mandi in fumo mesi e mesi di corsi di psicologia.

La bambina alzò le spalle, irrigidita e per nulla convinta.

– Non ti ricordi quante volte ti ho raccontato che papà e io siamo andati a sceglierti in quel grande centro tutto bianco, dove c'erano file e file di piccoli lettini con tanti bambini...

– Oh, quelle cretinate erano per dirmi che ero stata adottata?

– Non sono cretinate! Erano un

modo carino di dire la verità, – replicò la mamma, che quasi si metteva a piangere.

– Figurati se ci credevo; la mamma di Annalisa diceva che l'aveva trovata sotto un cavolo; siamo andate a guardare in un campo di cavoli ma abbiamo visto solo formiche e lumache; di bambini nemmeno l'ombra. Cosí abbiamo capito che erano tutte balle, le tue e quelle della mamma di Annalisa.

– Ma la mia storia era vera, – replicò la mamma debolmente.

– Guarda, – disse allora Géraldine, che in fondo in fondo al cuore era una bambina sensibile e capiva che la mamma ci era rimasta male, – per me non fa nessuna differenza essere figlia tua o di un'altra; tanto tutte le mamme sono uguali, ti coccolano e ti scocciano allo stesso modo.

– Géraldine, devi credere che ti ho sempre voluto bene come se tu fossi *veramente* figlia mia, – mormorò la mamma.

– Anch'io te ne voglio, – la rassicurò generosamente Géraldine, – perciò non ne parliamo piú; ma un'altra volta dimmi le cose come stanno.

# Come le rivelazioni non vengono mai sole

Quando il papà tornò a casa quella sera, la mamma gli raccontò tutto.

– Guarda, – gli disse, – come hanno sbagliato gli psicologi con tutti quei discorsi!

– Ma allora, – rispose il papà grattandosi un orecchio, – forse dovremmo dirle *tutto*.

– Proprio tutto?

– Eh sí. Ormai Géraldine è una bambina matura.

– Proprio oggi? Mi sono cosí agitata che non sono venute bene nemmeno le polpette.

– Peccato, ci contavo sulle polpette di stasera. Comunque direi di battere il ferro finché è caldo. Non ha detto: «Un'altra volta dimmi le cose come stanno»?

– Glielo diciamo adesso o dopo cena?

Il papà guardò l'orologio. – Dopo cena è meglio. Bisogna avere un po' di tempo per spiegarle tutto.

La cena fu rapida e senza particolari inconvenienti, a parte un bicchiere d'acqua rovesciato e una macchia d'olio sul golfino di Géraldine.

Appena finito la mamma sparecchiò in fretta.

– Che furia! – esclamò Géraldine. – Il film comincia prima stasera?

– Comincia tra mezz'ora; cosí abbiamo il tempo di parlare.

– Parlare di cosa?

– Papà e io abbiamo deciso di dirti tutto.

Géraldine fece una faccia meravigliata.

– Vieni qui, Géraldine, – disse il papà. – Devo farti vedere una cosa.

La bambina con uno slancio gli saltò sulle ginocchia.

– Ohi! Piano! Sei pesante, sai?

– Vedere cosa?

– Questa scatolina.

– Carina; cosa c'è dentro?

– Nulla, purtroppo.

– Tutte queste storie per una scatolina vuota?

– È una scatolina speciale; vedi, è tua.

– Come mia?

– Era con te quando ti abbiamo preso.

– Di nuovo questa storia?

– Hai detto alla mamma che volevi sapere tutto.

– Sí, ma una scatola vuota è poco interessante.

– Però è una bella scatola, tutta intarsiata, e qui ci sono anche delle iniziali.

Géraldine chinò la testa per osservare meglio.

– Fammi vedere. Sí, ci sono una G e una B, giusto?

– Giusto, sei bravissima.

– Oh, be', lo sai che so leggere.

– Allora, siccome noi ci chiamiamo Bagnetti di cognome, – continuò il papà, – abbiamo pensato di darti un nome che cominciava con la G.

– Géraldine era tanto carino, – disse la mamma commuovendosi al ricordo.

– Oppure Gertrude o Giovanna o Ginevra o Guia, – disse Géraldine.

– A noi piaceva Géraldine, – disse il papà.

– Gianna, Genoveffa, – continuò la bambina.

– Ti sarebbe piaciuto un altro nome? – chiese allora la mamma un po' preoccupata.

– No, no, Géraldine va benissimo. Però una scatola vuota sa di poco; già che c'erano potevano metterci un biglietto con le spiegazioni.

– Forse questa scatolina significa qualcosa, – disse la mamma, – perciò l'abbiamo conservata per te.

– Sai, – concluse il papà, – pensavamo che un giorno, magari, avresti voluto sapere qualcosa di piú su di te; noi ti vogliamo bene, però, certo...

S'impappinò un po'; non era tanto bravo a parlare; Géraldine se ne accorse e lo abbracciò.

– Non ti preoccupare, papino; l'ho già detto alla mamma che mi bastate voi due.

# Come si può diventare popolari senza fare nulla

Quando Annalisa seppe la storia della scatolina, la sua ammirazione per Géraldine aumentò a dismisura e la sua fantasia si accese come una lampada alogena.

– Potrebbe essere fatata, – sussurrò, travolta dalla possibilità che fate e maghi avessero assistito alla nascita della sua amica.

– Non ho mai creduto alle fate, – la smontò Géraldine. – Quando la mamma mi raccontava quelle storie, facevo finta di crederci per farle piacere.

Comunque Annalisa era rimasta cosí colpita dalla storia della scatolina con le iniziali, che la raccontò a sua sorella Chiara, e lei alla sua compagna di banco, e questa a sua cugina, e questa a un'amica; e alla fine tutte le classi al

pianterreno della scuola Capponi e anche qualcuna del primo piano sapevano che Géraldine era la figlia segreta di una regina in esilio, che era stata abbando-

nata per un colpo di Stato, e come segno di riconoscimento sua madre prima di morire le aveva nascosto in mezzo ai pannolini una scatola d'oro e di brillanti con lo stemma reale inciso sopra.

Alla fine una bambina di terza lo raccontò ad Annalisa.

– Io lo sapevo già, – annuí lei soddisfatta.

Cosí, quando tutti seppero la straordinaria verità, senza aver fatto nulla Géraldine si trovò a essere la bambina piú popolare della scuola, la piú simpatica e la piú ricercata.

Erano in molti a vantarsi:

– A me ha dato una spinta davanti al portone.

– A me ha preso la merenda e se l'è mangiata in un attimo.

Annalisa-ombra era quella che poteva vantarsi di piú perché non c'era nessun dubbio che era lei l'amica piú amica di Géraldine.

## Come da cosa nasce cosa

Géraldine non sapeva ancora di essere al centro di tanta attenzione.

Si meravigliava che le compagne le offrissero la merenda che in genere doveva guadagnarsi a forza di botte e che nessuno dei maschi le tirasse i capelli quando era voltata da un'altra parte.

Fu solo quando Caterina le chiese scusa davanti a tutti per le parole offensive del giorno prima che ebbe un minimo dubbio: «Non mi staranno mica prendendo in giro?».

– Credevo che tu sapessi di essere stata adottata, – disse Caterina dondolandosi prima su un piede e poi sull'altro.

– Non ha la minima importanza, – rispose Géraldine. – Io voglio bene a questi genitori e loro ne vogliono a me.

– Oh, ne ha, ne ha, d'importanza, – replicò la bambina.

– Non tutti nascono figli di re e regine, – aggiunse un'altra.

– No davvero, – chiuse lí Géraldine.

E tutti furono convinti che parlasse proprio di sé.

Insomma, il giorno della gita allo zoo, sul pullman tutte volevano sedere accanto al lei; ma Annalisa con modi soavi disse che spettava a lei.

E aggiunse: – Se non mi fate posto, dico a Géraldine di darvi un cazzotto.

In un attimo il posto era suo.

La gita fu un grande successo; poterono vedere il sedere di alcune scimmie che scappavano impaurite dallo schiamazzo di ventiquattro bambini, la cacca gigantesca di un ippopotamo sulla riva fangosa di una specie di laghetto, la polvere sollevata da un gruppetto di struzzi in fuga; e chi disse che erano tre, chi otto, chi addirittura una decina.

– Scommetto che erano piú di venti, – disse Géraldine.

Perfino Giannozzo, col quale Géraldine aveva avuto spesso scambi di opinione piuttosto vivaci, le diede ragione.

Le maestre erano contentissime di

quell'entusiasmo; e quando risalirono sul pullman pensarono di affidare la disciplina a chi menava meglio le mani.

– Tesoro, – disse una di loro a Géraldine, – ti dispiacerebbe tenere a bada i tuoi compagni?

– Per nulla, – rispose Géraldine. E si piantò in mezzo alle due file di sedili con sguardo minaccioso.

Giannozzo e Filippo, detto Pippaccio, si contentarono di farle una linguaccia; Carlo e Mariolino discutevano se fosse meglio essere una scimmia o una giraffa.

Le bambine invece si zittirono all'istante.

Non ce n'era una che non osservasse Géraldine con attenzione.

Alla fine Melissa, l'unica che sapeva

ripetere le tabelline in avanti e all'indietro, disse alla sua vicina di posto: – Non ti sembra che Géraldine abbia un'aureola in testa?

– Non sarà il sole?

– No di certo.

La voce si sparse in un attimo.

Un minuto dopo tutti bisbigliavano convinti che la madre di Géraldine non solo era una regina, ma anche una maga e probabilmente le aveva trasmesso i suoi poteri.

# Come Géraldine fece la sua prima magia

A furia di mangiare la merenda dei suoi compagni, che non sempre gliela davano volontariamente, Géraldine stava diventando grassa.

– Non capisco, – borbottò la mamma quando la maestra glielo fece osservare, – sono sempre stata attenta alla sua dieta.

Ed elencò nell'ordine:

– Pane e miele, oppure pane e marmellata, la mattina a colazione, piú una tazza di latte e cornflakes; qualche volta una fetta di pane e Nutella.

La maestra annuiva, piena di comprensione.

– A metà mattina, – continuò la mamma, – una merendina di quelle che hanno piú latte che cioccolata e quindi sono sane e gustose.

– Giusto, – approvò la maestra.

– A pranzo, quando è a casa, la pastasciutta col pomodoro oppure col ragú; non posso farlo sempre, il ragú, ci vuole tempo perché venga bene.

– È vero, – disse la maestra. – Lei lo fa con la carne di manzo o ci mette anche un po' di maiale?

– Ci metto anche il maiale.

– E naturalmente tutti gli odori.

– Naturalmente.

In quel momento suonò la campanella.

– Devo andare, – disse la maestra in fretta.

– Non ho finito di spiegarle il menu di Géraldine.

– Non importa; ho già capito... mi sembra che sia perfetto. Non so perché ingrassi. Dovrebbe essere un filo.

– Senza contare, – aggiunse la mamma rincorrendola, – che Géraldine mangia pochissimo. Praticamente vive d'aria.

I bambini e le bambine erano sparsi qua e là, ognuno nel banco di qualcun altro.

– Andate ai vostri posti, – disse la maestra, – oggi vi racconto la storia di un antico romano.

– Uh, bene! – fece uno.

– Che noia! – fece un altro.

– Ma è una storia vera? – chiese un altro ancora.

– Certo, – rispose la maestra.

– Un *reality*?

– Be', un *reality* di tanto tempo fa.

– Allora è una *fiction*, – concluse Caterina.

– Una storia vera può essere interessante come una *fiction*, – disse la maestra.

Quando finí la storia parecchi erano stati attenti.

– Avete capito bene? – s'informò la maestra, prima che tutti ricominciassero a muoversi di qua e di là. – Volete fare delle domande?

– Io, – disse Géraldine.

– Dimmi.

– Ma questo Giulio Cesare o come si chiamava era Benigni?

– Géraldine, che vai dicendo?

– È vero, è vero, – le fece subito eco un coro di bambini. – L'hanno fatto vedere in televisione. C'era anche quel francese grasso con le trecce.

– Ma bambini, quello era un film! Una storia finta! Quella che vi ho raccontato io è vera!

– Ma non avevi detto che ci raccontavi una *fiction*?

– Io non ci capisco piú nulla, – borbottò Géraldine.

– Non c'è nulla da capire, – si spazientí la maestra. – La storia è la storia.

– Però i *reality*... – cominciò Annalisa, guardando Géraldine per avere la sua approvazione.

Ma Géraldine era distratta.

E quando fu il momento dell'intervallo tutte le merende erano sparite dai banchi.

– Chi ha mangiato la mia treccina? – singhiozzò Paoletta.

– E la mia girella?

– E la mia schiacciata?

– E il mio pane e salame? – grugní infuriato Giannozzo.

Ventitre facce si voltarono verso Géraldine.

– Non sono stata io, – giurò lei inghiottendo in fretta e furia l'ultimo boccone.

– Non può essere stata lei, – disse la maestra. – Lei vive d'aria. Ma chi è stato lo deve dire.

– Io vivo d'aria, – ripeté Géraldine

con aria minacciosa. – E chi è stato lo deve dire.

– Mi sarò sbagliata, – disse Caterina.

– Anch'io.

– Anch'io.

– Io invece una volta o l'altra, vedi... – borbottò Mariolino, che però era troppo timido per dirlo forte.

– Allora, – disse la maestra con sollievo, – si sono *volatilizzate*. Come dire, una magia.

– Una magia, – ripeté Géraldine.

Poi le venne il singhiozzo e non poté piú parlare.

– Una magia, – dissero tutti guardando con disappunto i sacchetti vuoti.

## Come Géraldine diventò sempre piú grassa vivendo d'aria

Un giorno, nell'intervallo, Géraldine faceva ghirigori sulla lavagna; aveva già fatto fuori parecchie merende e in realtà non disegnava niente, le piaceva solo sentire stridere il gesso.

– Smettila, – strillò Caterina scuotendo il fiocco. – Mi fa venire i brividi.

Ma Géraldine non ci pensò proprio a smettere.

– Piantala! – esclamò Caterina. – Non vedi che dai noia a tutti?

– Davvero, – sussurrò Annalisa, che pur di stare accanto alla sua amica sopportava quello stridio orrendo.

– E perché mai? – rispose allora Géraldine, con l'aria di un gatto che sta per buttarsi sul topo. – Non faccio nulla di male; chi non vuol sentire se ne vada.

– Maestra, – cominciò allora Caterina. Perché la pazienza ha un limite, anche con le figlie di una regina. La maestra era sulla porta a parlare con il maestro nuovo della classe accanto.
– Maestra, – ripeté Caterina.

Géraldine a quel punto alzò un braccio nel suo solito gesto di minaccia e in quel momento si sentí un orrendo *crac*: tutti i bottoni del suo golfino ricamato a fiorellini partirono a razzo nelle direzioni piú diverse.

– I miei bottoni d'osso! – gridò Géraldine. – La mamma mi ucciderà! Ci tiene da morire a questo golf schifoso!

– D'osso?

Immagini di carnivori affamati attraversarono la mente dei compagni.

– D'osso?

Il disgusto si diffuse su tutti i visi.

– D'osso?

– D'osso; cretini che non siete altro. Ora come farò? Avanti, aiutatemi a cercarli.

Mentre erano tutti intenti a frugare per terra, si sentí la voce delicata di Annalisa:

– Ne ho trovato uno; ma accanto ci sono due mosche morte.

– Anch'io, – fece eco Carlotta, – in un mucchietto di polvere.

– Pazienza, – disse Géraldine, – datemi tutto, bottoni, mosche e polvere; li separo io.

Quando ebbe recuperato tutti i bottoni, l'intervallo era finito.

– Che ti è successo? – domandò la maestra quando la vide con la maglietta fuori dai pantaloni e il golf completamente sbottonato.

– Non lo so, – rispose Géraldine di malumore. – A un tratto il golf è *scoppiato*.

– Oh, – fece la maestra. E pensò: «Per vivere d'aria Géraldine è davvero grassa».

Questa volta se ne accorse anche la mamma. – Il tuo bel golfino ricamato! Dove sono tutti i bottoni?

– Sono qui.

– Meno male; sono cosí carini questi bottoni d'osso; anche il golfino è cosí carino, con tutti i suoi ricamini... Ma non è che ti è diventato piccolo?

– Già; è meglio che non me lo metta piú, – fece Géraldine, che non aveva mai potuto sopportare quel golfino ridicolo e preferiva le felpe come tutte le sue compagne.

– Però, – fece la mamma guardandola attentamente, – non è il golfino che è diventato piccolo... mi sembra che sia *tu* a essere ingrassata. E pensare che ti abbiamo chiamato Géraldine perché ci sembrava un nome cosí... cosí... *leggero*! Con quel finale che sembra il suono di un campanellino d'argento: *din! din!*

– Potrei cambiare nome, – disse Géraldine.

– No, quello no, – sospirò la mamma.

C'era qualcosa che non le tornava proprio: come faceva Géraldine a essere cosí grassa con i mangiarini delicati che le cucinava con tanto amore?

# Come Géraldine fu messa sotto accusa da una maestra furibonda

Mentre Géraldine ingrassava, le bambine della sua classe dimagrivano.

– Non capisco proprio perché quando torna a casa sviene di fame, – disse una volta la mamma di Carlotta alla mamma di Mariolino.

– Neanch'io, – rispose lei, – eppure gli preparo sempre una bella merenda.

– Forse lavorano troppo in classe.

E quando si scoprí che tutti i bambini dimagrivano per la troppa fatica, una delegazione di mamme andò a parlare alla maestra.

– Veramente, – si difese lei, – faccio quello che ho sempre fatto; nessuno è mai morto di «troppa scuola».

– Allora come si spiega che tutti i bambini stanno dimagrendo?

– Tutti tutti no, – disse la maestra colta da un dubbio.

– Ma il tempo di mangiare ce l'hanno?

– Ma certo.

– Allora?

– Eh, allora. Si fa presto ad accusare le maestre. Magari loro non c'entrano per nulla.

– Ma una spiegazione ci deve essere.

– Lasciatemi pensare, – disse la maestra. – Vedo cosa posso fare.

Cosí quel giorno decise di stare molto

attenta a quello che succedeva durante l'intervallo; e vide una cosa stupefacente: quasi tutte le bambine portavano la loro merenda a Géraldine.

Allora chiamò Annalisa.

– Vieni un momento qui, – le disse.

Annalisa si voltò appena per avere il consenso di Géraldine.

– Sí, maestra.

– Com'è, – disse la maestra a voce bassa, – che tutte le tue compagne danno la loro merenda a Géraldine?

– Perché lei è una regina, – rispose seria Annalisa.

– Una regina? Ma che dici?

– Sí, una regina, – ripeté Annalisa. – Cioè la figlia di una regina; e fa anche le magie.

– Veramente... – cominciò la maestra.

Poi si ricordò che Géraldine era una bambina adottata, ma che fosse figlia di una regina non l'aveva mai saputo; quanto alle magie... – Ma che c'entra con le merende?

– Vedi, – spiegò Annalisa, – prima che si sapesse, Géraldine le merende se le prendeva, invece ora gliele danno; quasi sempre, almeno; i maschi magari un po' meno.

– Una specie di omaggio! – esclamò la maestra al colmo dello stupore.

Annalisa rifletté. – Un omaggio, sí.

– Ma non ti sembra invece una prepotenza bella e buona?

– Géraldine prepotente? No di certo! Géraldine è la piú bella, la piú buona, la piú generosa...

– D'accordo; è la tua amica piú amica. Ma dimmi un po', chi ha detto che Géraldine è figlia di una regina? L'ha raccontato lei?

– No davvero; lei non lo sa nemmeno.

La maestra non ci capiva piú nulla.

– Allora chi l'ha raccontato in giro?

– Si è saputo, – rispose Annalisa vaga.

– Géraldine, – gridò allora la maestra.

Géraldine si avvicinò con aria stupita.

– Senti bene, – disse la maestra con voce furibonda, – se non la smetti di mangiare la merenda dei tuoi compagni, vado di filato dal direttore.

– Sono loro che me la danno, – si difese Géraldine, gettando ad Annalisa un'occhiata che avrebbe incenerito il tronco di una quercia.

– Io non c'entro, – piagnucolò Annalisa, che a un tratto si sentiva uno straccio per pulirsi i piedi.

– Lei non c'entra, – ribadí la maestra. – E tu ricordati quello che ti ho detto.

# Come Géraldine e le sue compagne visitarono un castello

Per qualche giorno la maestra tenne d'occhio Géraldine.

Prima di parlare con i suoi genitori, era meglio capire come stavano davvero le cose; e poi non voleva rovinare la gita scolastica che avrebbero fatto con la classe accanto e col suo nuovo maestro.

Géraldine continuava imperterrita a mangiare la merenda dei compagni, magari ne lasciava un pezzetto al suo proprietario e guardava con aria di sfida la maestra.

Annalisa, poverina, da quando era caduta in disgrazia per aver detto alla maestra quello che aveva detto, non era piú la sua ombra.

E quando salirono sul pullman che doveva portare le classi in gita, Géraldine fece finta di non vedere il suo sguardo supplichevole. Però nessuno si sedette accanto a lei, cosí rimase sola nel suo sedile troppo stretto senza un compagno con cui parlare.

Durante il viaggio tutti ridevano, cantavano, facevano scherzi.

E lei sola.

«Magari le farà bene, – pensò la maestra. – Speriamo che impari a essere meno prepotente».

Finalmente arrivarono davanti a un grande castello.

– Bello, – disse Géraldine. – Mi pare quasi di esserci già stata.

– Davvero? – chiese timidamente Annalisa, cercando di ridiventare la sua ombra.

– Magari ci hai vissuto da piccola, – disse Caterina, che non poteva soffrire Géraldine ma le piaceva l'idea di avere la figlia di una regina in classe; e poi ora, visto che era in rotta con Annalisa, magari poteva diventare lei la sua amica piú amica, anche senza essere proprio un'amica.

– Direi proprio di no, – disse Géraldine, deludendole tutte.

Il castello era grande, un labirinto di stanze e stanzette, e la maestra raccon-

tava dei grandi signori che ci avevano vissuto molti e molti secoli prima.

– Potrei raccontarvi la storia di uno dei suoi proprietari, il piú importante, – disse la maestra.

– Una storia vera?

– Certo.

– Come quella di Benigni?

– Bambini, ve l'ho già detto che c'è differenza tra un film e la storia.

– Sí, ci hai già spiegato che la storia vera è un *reality*.

– No, non precisamente.

– Allora una *fiction*?

– Non c'è modo di farglielo capire, – disse la maestra al collega scuotendo la testa. – La TV le rovina.

– Sapete come si chiamava? – domandò allora il maestro ai bambini.

– No.

– Si chiamava Ezzelino, – continuò il maestro.

– Era il suo nome vero? Perché sembra un po' strano.

– A quell'epoca i nomi *erano* strani.

– Non sarà un nome d'arte? Anche Al Bano...

– No, no, bambini, lasciamo perdere Al Bano.

– Perché, non ti piace?

– Sí, sí, mi piace, ma ora non c'entra.

Quando finalmente uscirono dal castello erano esausti per aver tanto visto, tanto saputo, tanto camminato; specialmente Géraldine, che aveva il fiatone.

– Quante scale, – ansimò.

– E niente ascensore, – disse Annalisa, che non aveva ancora rinunciato a essere la sua ombra e cercava tutte le scuse per starle vicino.

## Come fu ritrovata la scatolina misteriosa

Finalmente la visita era finita; adesso potevano riposarsi, fare merenda, gironzolare per negozietti e bancarelle dove vendevano finte spade antiche e asciugamani ricamati, assaggiare dolci e dolcetti avvolti nello stemma dell'antica famiglia che aveva posseduto il castello e tutti gli abitanti della zona.

Ogni bambino aveva accuratamente speso i soldi che i previdenti genitori gli avevano dato per la gita; adesso dopo aver corso, spintonato, urlato, mangiato, riposavano tranquilli seduti sopra un muretto.

– Mi raccomando, attenti a non cascare! – diceva la maestra.

– Ma no, maestra, stai tranquilla!

Géraldine non era riuscita ad arrampicarsi sul muretto, anche se era basso, e dopo due o tre tentativi aveva deciso di prendere in giro quelli che ci stavano sopra. – Sembrate delle galline appollaiate! – disse con disprezzo.

Annalisa annuí.

Ma nessuno sembrò darle retta; forse perché per la prima volta tutti erano riusciti a mangiare per intero le loro merende, svelti svelti, mentre Géraldine ansimava per le lunghe scale di pietra.

– Anzi, – insistette, – dei corvi!

– Dei corvi! – ripeté a voce piú bassa Annalisa.

– *Cra! Cra!* – fece Caterina indispettita nel vedere che Annalisa stava tornando a essere l'ombra di Géraldine.

– *Cra! Cra!* – le fece il verso Géraldine.

Ma non era contenta.

Piano piano si diresse di nuovo verso le bancarelle; dappertutto pendevano cenci e cencetti colorati, piatti decorati, cestini di paglia, vassoi e vassoietti.

A un tratto, tra le decine di cose esposte, vide delle scatole intarsiate: erano identiche a quella che le aveva mostrato il papà, il giorno in cui aveva scoperto di essere stata adottata.

– Cosa sono queste? – chiese.

Annalisa-ombra disse: – Quali?

– Queste.

– Scatole, – rispose il venditore.

– Ma da dove vengono?

– Che ne so. A noi le mandano per venderle.

Géraldine andò svelta alla bancarella accanto; le stesse cose, comprese le scatole intarsiate. Ne prese in mano una. – Posso guardarla? – La girò e la rigirò tra le mani. C'erano anche le cifre G e B. – Cosa sono queste lettere?

– Il marchio della ditta che le fa.

– Il...?

– Il marchio, il nome della ditta.

– Non sono delle iniziali?

– Non penso proprio.

Géraldine mise giú la scatola. – Allora perché cavolo mi hanno chiamato Géraldine? – disse.

– Che ti succede? – chiese Annalisa, turbata dal cambiamento dell'amica.

– Succede che questa scatola è identica a quella che mi fece vedere papà; e quelle non sono iniziali.

– Proprio uguale?

– *Ugualissima*.

– Ma... non ci sono pietre preziose...

– E chi ha detto che c'erano?

Già, chi l'aveva detto?

– E nemmeno lo stemma.

– Che stemma?

Insomma, quella storia non era per nulla chiara. Bisognava proprio capirla meglio.

ouvenir
APERTO!

# Come Géraldine fece una terribile scenata

Quando tornò a casa, Géraldine era furiosa, molto piú furiosa di quando aveva scoperto di essere stata adottata.

– Mi avete imbrogliato! – strillò.

– Ma quando mai? – si disperò la mamma.

– Con la storia di quella scatola intarsiata!

– Come? Perché?

– Perché... perché... non lo so perché. Ma io credevo che fosse qualcosa di speciale, invece ce ne sono a centinaia su tutte le bancarelle.

– Tesoro, – balbettò la mamma, – non ti abbiamo mai detto che fosse qualcosa di speciale; solo che ce l'hanno data quando siamo venuti a prenderti in quel grande centro...

– Tutto bianco, – la interruppe Géraldine, – con tutti quei lettini, eccetera.

– Esatto, – disse la mamma mortificata.

– Ma che cavolo ve l'hanno data a fare? – urlò Géraldine.

– Non lo so, tesoro. Magari, la tua mamma *vera* lavorava in una fabbrica di scatole... Quando sarai piú grande, se vorrai...

– Te l'ho già detto; non è questo che m'importa.

– Allora, – concluse la mamma, – se non te ne importa, anche la scatola non è importante, ti sembra?

Géraldine, un po' rabbonita, si era levata la felpa e l'aveva buttata sopra una seggiola.

– Però, – ricominciò.

– Però? – fece la mamma allarmata.

– Perché mi avete chiamato Géraldine?

– Te l'ho detto; per via di quella G.

– Ma se era il marchio o come si chiama della fabbrica!

– Géraldine ci piaceva; e poi ti stava bene; eri cosí magrolina.

Adesso invece...

Géraldine non disse nulla; andò in camera sua e guardò fuori dalla finestra.

Si sentiva strana, qualcosa la turbava e non capiva cosa fosse; poi si sedette su una seggiola e sospirò.

*Cric*, fece la seggiola.

# Come Géraldine perse la popolarità

Annalisa quando tornò a casa raccontò tutto a sua sorella Chiara, lei il giorno dopo lo disse alla sua compagna di banco e questa a sua cugina e lei a un'amica; e alla fine tutte le classi del pianterreno della scuola Capponi e anche qualcuna del piano di sopra sapevano che la scatola misteriosa non era incrostata di pietre preziose e non aveva nemmeno uno stemma.

– Ma allora, – disse l'amica della cugina, – Géraldine non è la figlia di una regina!

– No davvero.

– L'avevo detto io!

– Veramente non avevi detto nulla.

– Però lo pensavo.

– Mi sa... – cominciò Carlotta e si fermò subito.

– Cosa?

– E se Géraldine non fosse nemmeno una bambina adottata?

– Hai ragione; se ce l'avesse detto per vantarsi?

– Veramente, – obiettò Annalisa, – lei non lo sapeva nemmeno.

– Come, non lo sapeva? Se ci ha perfino raccontato la balla della scatola, eccetera. E poi tu non puoi parlare; tu la difendi sempre anche quando ha torto.

– Veramente... – ricominciò Annalisa.

– Se prova a prendermi la merenda, vede, – fece minacciosa Carlotta.

Perfino Mariolino capí che l'aria era cambiata; forse poteva mangiare la sua merenda in pace.

In quel momento arrivò Géraldine; tutti si misero indaffaratissimi a frugare nelle cartelle.

– Oh, oh, – fece Géraldine.

– Oh, oh, – rispose Annalisa.

Le altre zitte.

– Non si risponde? – disse Géraldine con voce aggressiva.

E tutte zitte.

– Boh, come vi pare.

– Buongiorno, bambini, – disse la maestra.

– Buongiorno, maestra.

– Oggi facciamo un bel dettato.

Due ore dopo, al momento della merenda, Géraldine, che aveva già ingozzato la sua, cominciò a gironzolare tra i compagni.

– Buona la tua girella!

Ma stranamente Caterina le voltò la schiena e continuò a mangiare svelta svelta.

– Non mi fai assaggiare il tuo panino al prosciutto?

Carlotta stava quasi per darglielo quando Giannozzo s'intromise: – E perché dovrebbe?

Géraldine non capiva perché tutti si voltavano o si rifiutavano di consegnarle le merende come sempre; perfino Mariolino.

– Se non mi dai la merenda, – cominciò in tono di minaccia. Un'altra volta avrebbe messo paura a tutti ma ora non piú; perché mai dovevano obbedire a una come tante e che per giunta bastava una spinta per farla rotolare per terra?

– Ma stai zitta, – disse Caterina scuotendo il fiocco e le diede *veramente* una spinta.

Géraldine non se l’aspettava e crollò in mezzo ai banchi; e il peggio era che non riusciva nemmeno ad alzarsi.

– Vieni, ti aiuto io, – disse Annalisa che nonostante la delusione le voleva bene.

– Ah, ah, ah! – risero tutti. Poi si girarono dall’altra parte e non la guardarono piú.

# Come Géraldine diventò magra

L'umiliazione era stata talmente grande che per quel giorno Géraldine non aprí piú bocca, né per parlare né per mangiare.

Rifiutò perfino le patatine fritte preparate dalla mamma e anche il polpettone col sugo.

– Non ti piace?

– Sí, sí, mi piace, ma oggi non ho fame.

– Ti senti male?

– Non ho voglia di mangiare. Punto.

La mamma pensò che non le avrebbe fatto male saltare un pasto.

Il giorno dopo durante l'intervallo Géraldine si avvicinò a Caterina e disse: – Me la fai assaggiare la tua merenda?

– Mi sa che non te la farò assaggiare mai piú, – rispose lei.

Le altre bambine guardavano attente.

– Géraldine, – disse Annalisa cercando una scappatoia, – forse la sua merenda non ti piacerebbe.

– Già, forse, – disse Géraldine ripensando alla spinta che l'aveva fatta cascare come una pera cotta.

Si voltò, ma maschi e femmine le diedero subito le spalle, chiudendosi in tanti gruppetti.

– Mi sa, – disse ancora Annalisa, – che tutte hanno delle merende cattive, oggi; sennò di sicuro te le avrebbero date.

– Dici? – borbottò Géraldine.

Cosí da quel giorno nessuno volle piú darle la propria merenda; nemmeno un assaggino, un morsino, un'annusatina.

E quasi senza accorgersene Géraldine cominciò a dimagrire, prima un paio di etti, poi un paio di chili, poi cinque o sei e poi una decina.

Via via che dimagriva ricominciava a muoversi meglio, a correre piú svelta, tanto che perfino la mamma si accorse di quanto era cambiata.

– Ma lo sai, – le disse un giorno, – che

ti stai facendo proprio carina? Forse ti sta di nuovo quel bel golfino ricamato.

– Quello mai, – rispose Géraldine.

– Dicevo per dire, – replicò la mamma. – Però forse aveva ragione la maestra quando diceva che eri un po' ingrassata; invece adesso stai benissimo.

– Boh, – disse Géraldine, che non sapeva ancora se fosse contenta o no di essere tanto cambiata. Si domandò fugacemente se mangiare le merende di tutti le piacesse veramente; non è che per caso... magari la facesse sentire, come dire, piú forte?

# Come Géraldine scoprí che essere sola non era tanto bello

Insomma, in un paio di mesi Géraldine era diventata una bella bambina; perfino i suoi capelli, sempre scuri e arricciati, parevano piú soffici e piú luminosi.

– Deve aver cambiato shampoo, – disse un po' agra Caterina.

– A me sembra carina, – disse Annalisa, che non aveva mai smesso di voler essere l'ombra di Géraldine.

– Carina! – sbuffò Caterina. – A ogni modo io non la invito alla mia festa.

Questa festa si ripeteva ogni anno; e siccome la casa di Caterina era grande e i suoi genitori non badavano a spese, ogni volta era una sorpresa; un anno c'era un film, un altro un clown, un altro addirittura una giostra; e dolci e pasticcini e gelati di tutti colori; nemmeno Pinocchio nel Paese dei balocchi si divertiva di piú.

– L'hai sempre invitata, però, – borbottò Annalisa, a voce un po' bassa perché aveva paura di venire esclusa anche lei.

– E quest'anno, no, – ribatté Caterina.

Infatti, quando cominciarono a girare i bigliettini d'invito con un bel disegnino, Géraldine non lo ricevette; faceva finta di nulla ma ogni giorno guardava sopra e sotto il banco, casomai fosse cascato per terra.

Poi ci furono giorni di bisbigli; le bambine si riunivano a gruppetti e parlavano fitto fitto tra loro, voltando le spalle a chiunque avesse voluto sentirle. Perfino i maschi si avvicinavano furtivi per captare qualche novità sulla festa.

E Géraldine sempre fuori.

– Mi dispiace, – le sussurrò Annalisa il giorno della festa. E poi aggiunse una bugia, perché era quello che avrebbe voluto. – Ho cercato di farle cambiare idea ma *lei* non ha voluto.

Lo strano fu che Géraldine non si arrabbiò; però ci rimase cosí male che avrebbe preferito arrabbiarsi. E tornando a casa mogia mogia rimuginava tra sé sul perché di tanta ingiustizia.

Come non bastasse a casa dovette sorbirsi una lunga storia di come la mamma si fosse sempre occupata di lei trascurando ogni altro interesse.

– Capisci? – diceva la mamma stringendo indice e pollice per essere piú convincente.

– No, – rispose Géraldine.

– Ma come? Ti ho cresciuta con tutto il mio amore, ho cucinato per te...

– Anche per il papà, – la interruppe Géraldine nera in viso.

– Ti ho comprato le cose piú belle.

– Golfini ricamati, – disse Géraldine.

– Golfini ricamati, magliette col logo, jeans firmati...

– Eccetera, – concluse Géraldine. E fece per andare in camera sua.

– Ma non ti ho detto ancora nulla, – gridò la mamma.

Géraldine sospirò. Poi vide uscire dalla porta della cucina una donna alta e goffa con un grembiule bianco e il vassoio della pastasciutta in mano.

– E quella chi è? – domandò stupefatta.

– È appunto quello che ti stavo dicendo, – si rinfrancò la mamma. – Si chiama Gilda; siccome una mia amica mi ha detto che aveva bisogno di un aiuto, ho deciso di tornare a lavorare.

– E papà che ha detto?

Lui è felicissimo per me! Dice che è un'occasione da non perdere!

# Come Géraldine cominciò a conoscere Gilda

All'inizio sembrò un po' strano avere una persona sconosciuta che camminava per casa, spazzava, spolverava, cucinava, apparecchiava, sparecchiava, rispondeva al telefono e qualche volta si chiudeva in cucina e parlava fitto fitto tra sé e sé in una lingua che Géraldine non aveva mai sentito.

Sembrava strano anche che la mamma mancasse tante ore di seguito, però un po' alla volta Géraldine si accorse che poteva stare anche senza di lei, perché questa Gilda era grande e grossa e metteva un po' di soggezione, ma era simpatica e parlava in un modo buffissimo.

«*Tiengo* caldo», diceva spalancan-

do la finestra, anche quando fuori era sottozero. «*Tiengo fredo*», diceva infilandosi dodici maglie addosso quando invece si scoppiava dal caldo.

Cucinava cose strane, sughi che facevano bruciare la bocca, e non sapeva rifare i letti; però in realtà nemmeno la mamma li rifaceva tanto bene.

– Al mio Paese, – le raccontò una volta, – *c'è* tanti bambini che mangiano *nada*.

– Cos'è la *nada*? – chiese Géraldine interessata.

– *Nada* non è, – fu l'enigmatica risposta.

Géraldine la guardò come se fosse pazza; e si scansò un po' perché in quel momento aveva un enorme coltello in mano. Ma poi capí che *nada* era «niente», nel senso che quei bambini non mangiavano proprio.

– E perché? – domandò ancora piú interessata, avvicinandosi di nuovo.

– Poveri poveri poveri, – sospirò rumorosamente Gilda.

Géraldine non replicò; le stava venendo un pensiero nuovo: «Come è possibile essere tanto poveri da non poter neppure mangiare? Qualcosa c'è sempre; se non sono le polpette, sarà un po' di prosciutto oppure, proprio alla peggio, del fegato o del baccalà».

– *Nada*, *nada*, – disse Gilda, come se le avesse letto nel pensiero.

– Ma i loro genitori... – cominciò Géraldine.

– No genitori; no *mama*, no *papa*, – la interruppe Gilda risoluta.

– E con chi stanno? Con i nonni?

– Niente nonni, niente *mama*, niente *papa*. Bambini stanno in strada. Tanti bambini insieme. Soli –. E dette un gran colpo di coltello al pollo che stava facendo a pezzi.

Géraldine fece un salto e scappò via.

# Come Géraldine capí certe cose che non aveva mai capito

Adesso, quando tornava da scuola, Géraldine correva in cucina; le piaceva meno anche la TV perché le storie che le raccontava Gilda erano strane, un po' paurose ma interessantissime; c'erano morti che parlavano, fantasmi che si aggiravano per le strade, ragazze annegate che ballavano la samba, banditi che saltavano sopra cavalli neri, fiumi in piena che trascinavano a valle interi villaggi.

Raccontava con parole incomprensibili, ma che alla fine erano chiarissime; cantava canzoni che facevano piangere e ridere anche senza capirci nulla; muoveva le braccia come un uccello che sta per volare e batteva i piedi per terra come se volesse spaccare qualcosa.

Era alta, grande e grossa ma sembrava leggera come una nuvola.

Una volta le parlò di nuovo dei bambini che vivevano soli nelle strade; Géraldine ci aveva pensato tanto che alla fine aveva capito.

– Sono orfani.

– *Como?*

– Bambini senza mamma né papà, si dice che sono bambini or-fa-ni.

– Orfani, – ripeté Gilda. – Io contenta che tu insegni tua lingua a me. Tu bravissima.

– Mica tanto, – borbottò Géraldine; ma le piaceva sentirselo dire. – Però, – continuò, – perché questi bambini non stanno nell'orfanotrofio?

Gilda la guardò con aria interrogativa.

– L'orfanotrofio, sai, è una casa con le stanze tutte bianche con tanti lettini bianchi...

– No, – la interruppe Gilda, – niente casa, niente letti.

– Perché no?

– Ti ho già detto, – si spazientí Gilda. – Poveri poveri poveri.

Era davvero molto difficile capire.

– Mamma, – chiese quella sera Géraldine a tavola sbriciolando un pezzetto

di pane, – com'è questa storia dei bambini che vivono da soli per strada?

– Ragazzacci, – disse subito suo padre. – I loro genitori dovrebbero vergognarsi di lasciarli tanto liberi. Faranno una brutta fine.

– Ma loro non hanno genitori, – obiettò Géraldine.

– *Tutti* hanno dei genitori, – rispose il papà.

– Veramente, – ricominciò Géraldine un po' spazientita, – *io* non ho genitori.

– Cosa? – gridò la mamma. – Di nuovo questa storia? Credevo avessi accettato di essere stata adottata! Ecco, ho fatto male a tornare a lavorare. Povera piccola, ti sto trascurando! Lo sapevo! Insicurezza affettiva, ecco cos'è! E io, egoista...

– Mamma, – si mise a sua volta a urlare Géraldine, – smettila!

– Ma volete stare zitte tutte e due?! – si arrabbiò anche il papà.

La mamma lacrimava sul piatto; Géraldine aveva fatto a pezzi una fetta intera di pane; il papà aveva scosso tanto di quel sale sulla verdura che adesso era immangiabile.

– Be', – disse alla fine, – ricominciamo da capo.

Alla fine si capí che Géraldine non si riferiva a se stessa o a qualcuno dei suoi compagni, ma ai bambini del Paese di Gilda.

– Oh, – disse la mamma rianimandosi, – poveri bambini! Sí, è cosí, vivono per strada perché non hanno nessuno che si curi di loro.

– E nessuno li adotta? – disse al colmo della meraviglia Géraldine.

– Sono troppi, – rispose con tristezza il papà. – Anche se noi avessimo adottato due o tre bambini di quel Paese, ne rimarrebbero migliaia.

– Ma allora, – esclamò Géraldine, – dovranno vivere per sempre senza una mamma e un papà!

– È cosí, – sospirò lui.

– Pensa che differenza con te... – cominciò la mamma.

Ma Géraldine si era già alzata di scatto ed era scappata in camera sua.

# Come Géraldine a scuola fece una bellissima figura ma nessuno se ne accorse

Annalisa trovava che la sua amica piú amica di cui non era piú l'ombra a volte fosse davvero strana.

Per esempio quel giorno aveva dichiarato a gran voce che era una vergogna che tutti avessero un papà e una mamma.

– Una vergogna? – aveva chiesto la maestra stupita.

– Una vergogna, – aveva ripetuto Géraldine.

E subito Caterina aveva sussurrato qualcosa a Carlotta.

A Géraldine non importava affatto cosa borbottavano quelle due; la vera difficoltà era riuscire a farsi capire.

– Cioè... – ricominciò.

– Non si comincia una frase con «cioè», – la interruppe la maestra.

– Cioè, – ripeté Géraldine cercando di non ingarbugliare un pensiero già ingarbugliato di suo, – quello che volevo dire è il contrario.

La maestra e parecchi compagni la guardarono stupefatti; Giannozzo addirittura si toccò la testa con un dito.

– Il contrario? E allora perché l'hai detto?

– Quello che volevo dire non è che è una vergogna che tutti abbiano una mamma e un papà; però è una vergogna che non tutti i bambini ce li abbiano; quindi, quelli che li hanno dovrebbero, ecco, vergognarsi di averli.

Nel silenzio stupefatto della classe intera, Carlotta si mise a ridere.

– Zitta! – la sgridò la maestra ripetendo a mezza voce la frase di Géraldine. – In realtà lei non ha torto.

– Ecco, – fece Géraldine respirando profondamente; sembrava che questa volta la maestra avesse capito davvero.

– Cioè, – scimmiottò con petulanza Caterina, – *io* mi dovrei vergognare di avere dei genitori. Ma i *miei* sono genitori *veri*, non come i suoi!

– Cretina! – urlò Géraldine slanciandosi contro di lei piena di rabbia. – Non capisci proprio niente.

Annalisa si buttò a sua volta per difendere l'amica, ma Carlotta mise un piede di traverso e lei piombò a terra a faccia in avanti.

– Ferme! Ferme! – gridava la maestra cercando di dividerle.

A tanto fracasso si spalancò la porta e apparve il maestro della classe accanto, che mai la maestra aveva visto con piú gioia. In un attimo ne afferrò una con una mano e una con l'altra; Caterina aveva il fiocco di traverso, Géraldine una manica strappata.

– Ma brave! – esclamò allora la maestra. – *Voi due* dovreste vergognarvi; e ringraziatemi se non vi porto dal direttore.

Le due bambine si guardarono in cagnesco ma nessuna disse nulla.

Anche Annalisa si era rialzata con una sbucciatura sul ginocchio; le faceva male ma sperava che questo almeno la facesse tornare l'amica piú amica di Géraldine.

– Sai, – le disse poco dopo, – sono sicura che dicevi delle cose giustissime e hai fatto una bellissima figura con la maestra; peccato che nessuno se n'è accorto.

## Come Géraldine scoprí una cosa tremenda

Quando tornò a casa, quel giorno, Géraldine era di nuovo di umore nero che piú nero non si può. Si levò subito la felpa con la manica strappata, ma era inutile nasconderla da qualche parte: la mamma prima o poi se ne sarebbe accorta; cosí decise di portarla subito a Gilda per fargliela ricucire.

– Che accaduto a te? – disse lei osservando la felpa come fosse un animale strano.

– Nulla, – rispose Géraldine.

– Io vedo nuvole nere su tua testa; pioggia scende oppure già scesa, – e Gilda scosse il capo.

Géraldine si sentí a un tratto confortata. – Pioggia già scesa, – rise.

– Io asciugare te.

– Si dice: «Ti voglio asciugare».

– Ti voglio asciugare, – ripeté la sua volenterosa allieva. – Tu vuoi dolcetto uscito ora di forno?

Il dolce aveva un aspetto davvero attraente e Géraldine ne mangiò un bel pezzo.

– Buono, – disse alla fine.

Poi si arrampicò sul tavolo; le piaceva molto stare lí; le pareva di dominare la cucina e tutto quello che succedeva: patate sbucciate, farina impastata, cipolle affettate, carne sbattuta per farla diventare piú tenera.

Gilda aveva un modo morbido di muoversi; ondeggiava qua e là, canterellava, parlava alle cose che cucinava, le incitava a comportarsi bene; cosí almeno una volta le aveva detto.

– Cose come noi; tutte capire cosa io fare; certe volte non volere essere cotte; io dico: «Non avere paura, tu poi diventare me».

Una spiegazione un po' strana, veramente. «Ma perché no?» si chiedeva Géraldine.

Certe volte, parlando con Gilda, diceva delle cose che non sapeva nemmeno di pensare; eppure era proprio quello che voleva dire.

I bambini di quel Paese lontano che

vivevano soli nelle strade le erano rimasti in mente e ogni tanto ne parlava di nuovo.

Un giorno le raccontò di essere stata adottata.

– Oh, *niña*! – esclamò Gilda con grandi gesti che volevano manifestare la sua costernazione.

– Ma io, – si schermí Géraldine, – sto benissimo con questa mamma e con questo papà; anche se lui è sempre un po' distratto e la mamma è sempre esagerata; ma, sai, sono fatti cosí, – e alzò le spalle.

– Oh, *niña*! – ripeté Gilda, che pareva fulminata da questa notizia.

– Sai, – continuò Géraldine, – la mia *vera* mamma mi ha lasciato una scatola di legno; non so proprio per quale ragione, perché dentro non c'era nulla e ho scoperto che ne esistono a centinaia sulle bancarelle; non ci ha fatto nemmeno un segnetto per dire, che so: «Puoi fare la caccia al tesoro e trovarmi»; ma alla fine a che serve? Lei mi ha lasciato e questo è tutto.

Però, mentre lo diceva, sentiva a un tratto che non era tutto. Da quando c'era Gilda le pareva che i perché si fossero moltiplicati; dei *perché* strani, che in realtà non la riguardavano neppure, però era come se la riguardassero.

– Chi sa tua *mama*, – disse a un tratto Gilda.

– Le mie compagne di scuola, – fece Géraldine, – credevano che fossi figlia di una regina, o magari di una maga; ma adesso non ci credono piú.

– Regine non lasciano *niñas*, – disse Gilda pensosamente.

Tacquero tutte e due, Géraldine sul tavolo dondolando le gambe, Gilda immobile davanti all'acquaio.

– Anche io, – cominciò.

– Anche tu?

– Io lasciato miei *niños*.

– *No!* – gridò Géraldine. – *Tu!*

Le pareva una cosa davvero orribile; proprio Gilda, cosí buona, cosí generosa, come era possibile?

– Io venuta lontano per loro, – disse umilmente Gilda.

– Ma li hai lasciati *soli*? – insistette Géraldine.

Gilda continuava a guardare l'acquaio nel quale galleggiavano le foglie verdi e rosse dell'insalata.

– Quando io ho molti soldi, torno mio Paese e loro hanno casa. Fatto promessa.

– Ma li hai lasciati soli!

– Io lasciato piccolo dono per non dimenticare mia promessa.

Géraldine la guardava col fiato sospeso; le pareva di sapere quello che avrebbe detto.

– Lasciato ognuno conchiglia bellissimo colore; loro raccolte insieme a me, cosí ricordano sempre. Come tua *mama* a te.

Géraldine scese con un salto dal tavolo e scappò via.

# Come a Géraldine venne in mente una cosa straordinaria

Quella sera Géraldine era troppo tranquilla.

– Vieni un po' qua, – disse la mamma toccandole la fronte con la mano. Era appena tornata dal lavoro.

– Non ho la febbre, – brontolò Géraldine.

La mamma la guardò corrugando la fronte.

– Ma ti senti bene?

– Benissimo.

Géraldine tornò a sedersi sul divano davanti alla TV.

– Cosa stai guardando?

– Nulla.

– Ma allora stai proprio male, – concluse la mamma.

– Ma quanto rompi! – esclamò Géraldine alzando il volume.

– Abbassa! – gridò la mamma. Poi andò in camera a cambiarsi. Quando tornò, si era messa una tuta da ginnastica azzurra che a Géraldine piaceva molto.

– Come stai bene! – esclamò.

Lei la guardò con sospetto. – Sei sicura di star bene? – insistette.

– Sicurissima. Però...

– Però?

– Però, dimmi una cosa; com'è che mi avete adottata?

La mamma gemette.

– Di nuovo?

Géraldine non rispose.

– Ne avevamo parlato pochi mesi fa.

– Pochi mesi fa era diverso.

La mamma sollevò le sopracciglia.

– In che senso?

– Non lo so in che senso.

– Allora?

– Allora, allora; sei tu che sai le cose, perciò rispondimi.

La mamma fece un respiro profondissimo. – Volevo tanto un bambino, sai, ma non potevo averlo.

– Perché?

– Perché non sempre basta volerlo; a quanto pare la mia pancia è fatta nel modo sbagliato. Cosí, a un certo punto con papà abbiamo detto: «Ci sono tan-

ti bambini abbandonati, perché non ne prendiamo uno?».

– E avete preso me?

– Géraldine, lo sai; te l'ho detto milioni di volte.

– Sí, sí, l'edificio tutto bianco con i lettini, eccetera.

– Esatto.

– Ma dov'era questo posto?

– Lontano; perché lo vuoi sapere?

– Lontano come il Paese di Gilda?

– Non cosí lontano. Però lí c'era la guerra e tanti bambini erano rimasti orfani, – rispose la mamma con un po' d'imbarazzo.

Géraldine rifletteva. – Perché sai, – disse poi, – anche nel Paese di Gilda ci sono tanti bambini orfani; cioè, non proprio orfani, ma è come se lo fossero perché non hanno né mamma né papà.

– Poverini, – sospirò la mamma.

– Anche Gilda ha lasciato soli i suoi bambini.

– Te l'ha detto lei? – s'interessò la mamma.

Ma Géraldine non rispose; le era venuta di colpo in mente una strana idea.

# Come anche Annalisa poté risolvere un mistero

Il giorno dopo Géraldine alle otto era pronta per andare a scuola.

– Che succede? – chiese la mamma infilandosi le scarpe col tacco alto, quelle *per fuori*. – Hai già fatto colazione?

– L'ho fatta da un pezzo.

– Ma hai mangiato anche il pane col burro, il latte...

– Sei pronta? – la interruppe Géraldine.

– Io questa bambina certe volte non

la capisco, – borbottò la mamma prendendo la borsa.

Géraldine camminava a grandi passi come non le era mai successo.

– Che fretta c'è? E poi non mi hai nemmeno dato un bacio.

Géraldine si fermò e l'abbracciò. – Scusa, mamma.

– Cosí va meglio.

– Ciao, – esclamò poi sparendo nel portone. – A stasera!

In classe erano ancora pochi, ma Annalisa era già arrivata.

– Ciao! – disse Géraldine avvicinandosi.

Annalisa si voltò sorpresa.

– Sei stata grande, ieri, – continuò Géraldine.

Annalisa arrossí di gioia e non seppe

far altro che alzare modestamente le spalle.

Ma non era questo che Géraldine voleva dire; c'era una strana idea che le girava in testa, però era come se fosse nascosta nella nebbia; forse Annalisa l'avrebbe aiutata; in fin dei conti era l'unica amica che aveva.

– Secondo te, – attaccò perentoria, – perché una mamma che abbandona il suo bambino gli mette accanto una stupida scatola vuota?

– Vuoi dire la scatola con le pietre preziose che poi non c'erano? – incespicò Annalisa, colta di sorpresa.

– Voglio dire quella.

Annalisa pregò il cielo di non sbagliare la risposta, anche perché non era per niente sicura di saperla.

– Io, io...

Géraldine scosse la testa. – Non lo sai, – disse delusa.

– Forse, – ricominciò Annalisa, che in realtà ci aveva pensato un sacco di volte, – voleva solo darti un segno.

– Che segno?

Intorno a loro stavano arrivando tutti i compagni.

– Guarda un po', – fece Caterina a Carlotta tirandole una gomitata, – le due amiche!

– Che segno? – ripeté Géraldine.

– Che lei c'era, – disse precipitosamente Annalisa.

– Vuoi dire, – si sforzò Géraldine, – che lei mi lasciava però...

– Però, – concluse Annalisa, – era come se ti dicesse: «Ci sono».

L'aveva detto. Sí; era esattamente quello che voleva sentire.

– Proprio come le conchiglie, – mormorò Géraldine.

– Le conchiglie? – ripeté Annalisa.

– Sí, – disse Géraldine dopo un attimo di silenzio. – Ma io ho un'idea straordinaria –. E dopo queste oscure parole tornò al suo banco. – Poi te lo dico, – aggiunse.

Annalisa sorrise contenta; sapeva che era sempre lei la sua amica piú amica.

## Come non è mai male quel che finisce bene

L'idea straordinaria mise in subbuglio tutta la famiglia.

Prima la mamma, che strepitò che era una cosa *assolutamente* impossibile, impensabile, irrealizzabile.

– Ma non hai sempre detto che ti sarebbe piaciuto avere una famiglia numerosa?

– È vero, però ormai sei grande e io non ci pensavo piú.

Ma Géraldine tanto disse che alla

fine la convinse; e lei promise di parlarne col papà la sera stessa.

Non durante la cena, certo; quella filò liscia come l'olio, tra un risottino alle verdure e le scaloppine al limone con le patatine rosolate.

Il papà raccontò quanto fosse cretino il suo capoufficio che anche quel giorno aveva dimostrato di non essere assolutamente all'altezza della sua posizione.

– Come sempre, – annuí la mamma distratta da pensieri piú importanti.

Finalmente la cena finí e il papà si alzò da tavola.

Géraldine tirò la mamma per la manica; lei cominciò: – Ah, ti devo dire una cosa.

– Dimmi, – replicò lui, – ma fai presto perché tra poco comincia la partita; mi sono abbonato a Sky solo per questo.

– Ma certo; farò in un attimo. Però... – aggiunse un po' titubante. – È una cosa importante.

Géraldine fremeva. – Vuoi un cuscino, papà?

– Allora, – rise lui prendendolo, – deve essere proprio una cosa importante!

La mamma sedette lí vicino. – Come ti sembra Gilda? – domandò poi.

– Perché? – fece lui sorpreso. – Non va bene? Mi pareva che tutto andasse a meraviglia.

– Sí, infatti. Ma sai, poveretta...

– Vuole un aumento?

– No, non è quello.

– Insomma, mamma, – si intromise

Géraldine, – lo dico io. Gilda ha due bambini; pensi che potrebbero venire qui?

– Vuoi dire in Italia? Penso di sí, visto che lei adesso ha un lavoro regolare –. Era un po' impaziente per paura di perdere la partita e non diede peso alla cosa fin quando Géraldine aggiunse:

– *Qui*, intendo a casa nostra.

Gli cascò di mano il telecomando. – Sei matta? – gridò.

– Non è una decisione da prendere su due piedi, – cominciò la mamma.

– Non c'è nessuna decisione da prendere, – ribatté lui raccattando il telecomando.

– Te lo dicevo, mamma, – disse Géraldine. – Non c'è nulla da discutere, anche lui è d'accordo.

– Veramente, – sospirò la mamma, – non mi pareva che dicesse questo. Forse dovremmo parlarne in un altro momento.

Alla televisione le squadre stavano entrando in campo. – Volete stare zitte! – si arrabbiò allora il papà. – Vi pare il momento di parlare di queste stupidaggini?

– Primo, – disse Géraldine, – non sono stupidaggini; secondo, se hai voluto me, sono sicura che non vorresti lasciare due poveri bambini laggiú lontano, senza la loro mamma, solo con una conchiglia, nemmeno con una bella scatola come la mia.

– Come? – fece lui corrugando la fronte.

– La scatola intarsiata, – spiegò Géraldine con pazienza, – era solo un segno. La partita era iniziata e Géraldine rimase ferma, a testa bassa. – Un segno, – continuò, – *che lei c'era.*

Nello schermo i giocatori correvano da una parte all'altra, l'arbitro fischiava e la gente gridava, quando all'improvviso successe una cosa inaspettata. Il papà spense la TV e disse: – *Era* dove?

– Con me, – rispose Géraldine con sicurezza; adesso aveva capito davvero. Ed era sicura che anche loro avevano capito. – Però, – aggiunse subito, – ora siete voi i miei genitori.

– Sí, – disse lui; poi rimase in silenzio.

Stavano zitti tutti e tre; si potevano sentire le macchine passare nella strada di là dalle finestre chiuse.

– Credo che tu abbia ragione, – disse poi il papà. – E la mamma è d'accordo?

– A me, – rispose subito la mamma, – sono sempre piaciuti i bambini.

Il papà accese di nuovo la televisione. In campo c'era un gran fermento.

– Lo sapevo! – urlò. – Hanno fatto goal e io non l'ho visto!

– Mi dispiace, – disse Géraldine.

– Allora, – cominciò la mamma.

– Allora, – la interruppe il papà, – voglio vedere almeno il secondo tempo. Quanto ai bambini di Gilda, se proprio ci tenete...

– Sí? – disse Géraldine col fiato sospeso.

Il papà si voltò verso la mamma, le sorrise e disse: – Alla fine, perché no? Staremo un po' piú pigiati, che male c'è?

Géraldine avrebbe voluto abbracciarlo tanto era felice; poi pensò: «Magari dopo la partita». Lo sfiorò con una mano.

Corse in cucina in cerca di Gilda; chissà cosa avrebbe detto!

Si accorse all'improvviso di sentirsi *leggera* come la spuma del mare; leggera come Géraldine! Forse era davvero quello il nome giusto per lei!

# Indice

## Serie Rossa

1 Nicoletta Costa, *Arriva la nonna!*

6 Luca Cognolato, *Lezioni di volo*

11 Paola Ferrero, *Agata alla scoperta del mondo*

14 Giorgio Bagnobianchi, *Il segreto della felicità*

16 Giulia Cocchella, *La piccola Donnina volante*

18 Nicoletta Costa, *A danza con la nonna*

20 Costanza Grassi, *Al castello di Miramare*

## Serie Verde

2 Roberto Piumini, *La ragazza e il cavaliere*

7 Gionata Bernasconi, *Il mistero delle monete appiccicose*

12 Giuditta Campello, *Tre streghe in città*

21 Gionata Bernasconi, *Samir e il Sultano*

## Serie Blu

3 Anna Lavatelli, *Il regalo di compleanno*

8 Silvia Roncaglia, *Betta supereroe*

## Serie Gialla



## Serie Arancio

Finito di stampare nel mese di giugno 2017
per conto delle Edizioni EL
presso G. Canale & C. S.p.A., Borgaro Torinese (To)